AF579613

Une magnifique erreur

Mathilde Viguié

Une magnifique erreur

Recueil

LE LYS BLEU
ÉDITIONS

ISBN : 979-10-377-5732-6

Ici,
Un peu de ma vie,
De mon passé, de ceux que j'aime, ceux qui m'ont brisée,
Et de ma force pour me reconstruire.

Dans ma tête qui semble exploser…

Je crois qu'on n'est jamais seul,
Avec cette petite boule au fond de la poitrine,
Qui semble vivre en nous sans nous en laisser le choix.
Au lieu d'en avoir peur,
Il faut en parler, lui parler,
Qui sait, peut-être qu'elle aussi elle a des choses à nous dire.

Mais je ne sais pas parler aux gens.
J'ai mal pour eux, ça, je le sais.
C'est une douleur constante, au fond de moi,
Qui se tait parfois mais qui reste toujours présente,
Plus ou moins forte.
Mais moi, je ne sais pas la régler,
Et je m'en veux à moi
De pas savoir sauver les gens.

Pourquoi mon esprit ne me laisse-t-il pas respirer ?
Pourquoi invente-t-il des probabilités infinies
lorsque je ne cesse déjà de penser ?
Pourquoi semble-t-il me vouloir tant de mal,
Alors qu'ensemble on pourrait y arriver ?
Pourquoi mon esprit c'est moi mais à la fois mon
pire ennemi ?

Je ne sais pas quoi penser de lui, mais je sais qu'il doit avoir mal, pour être si dur mon esprit.

Mon monde a changé, il a tourné, il a viré à l'opposé.
Mon monde n'est plus le même, il a changé, il m'a changée.
Mais je suis toujours debout dessus, je suis même grande et forte sur ce nouveau monde.
Le temps qu'il tourne il m'a appris à me relever, même après m'avoir blessée.
Je ne regrette pas ce que j'ai vécu dans mon ancien monde, il semblait, à l'époque, être l'unique.
Je suis fière de voir ce que j'ai su en faire.
Hier n'est plus,
Je me suis pardonné d'avoir été dans un monde si opposé.
Sans lui je n'aurais pas pu construire le mien.

En fait, je ne veux pas qu'elle comprenne,
Quel genre de démon je suis.
Je refuse de lui faire endosser ma haine,
Elle ne m'entend jamais hurler la nuit.

Mon cœur ne voudra jamais,
Non il ne voudra jamais être tranquille.
Parce que toujours il se serrera au plus profond de ma poitrine
Et je ne serai plus moi.
Parce que mon cœur mange ma vie,
Quand ce n'est pas mon esprit.
Mon cœur me fait mal,
Il me fait mal à l'intérieur, mais également dehors.
Mon cœur me pique.
Mon cœur s'arrache.
Mon cœur étouffe.
Et mon cœur il me dérange, il m'empêche d'être moi,
Mon cœur me transforme quand je n'écoute plus que lui.
Mon cœur me hurle des choses qui m'empêchent de vivre à côté
Et même les gens le remarquent
Et les gens qui m'aiment le subissent.

Ne pas comprendre où et pourquoi j'avais mal,
À sans doute était ce qui, au fond, m'a fait le plus de mal.

On ne parle pas de ça, mais est ce que toi aussi quand tu te retrouves seule face à toi-même.
Tu entends tout ce qui brûle en toi.

… finit par apparaître une lumière sur le chaos

T’es magnifique quand tu pleures et que la ville te regarde.
T’es magnifique quand tu ne veux pas pleurer parce que tu es forte et que je le sais.
T’es magnifique quand tu poses ta tête sur mon épaule et que tu sembles te reposer de tout le poids du monde.
T’es magnifique quand tu ris si fort que j’y vois tes larmes,
Quand l’écho de ton rire résonne dans mon cœur comme une plainte infinie.
T’es magnifique quand tu ne veux pas montrer que tu t’attaches, quand tu te caches.
T’es magnifique quand tu fumes et que t’espère que ça ira mieux.
T’es magnifique même quand tu t’en veux.

Quand on s’aime nous, on ne souffre pas du départ des autres,
On se remplit assez d’amour pour ne pas souffrir de l’amour qui part.

C'est plutôt bon signe que tu aies mal et que tu ressentes tout ça.
C'est que tu es en vie.
Que tu as un cœur.
Que tu es sensible.
L'amour que tu sais donner à quelqu'un
Tu sais aussi que tu peux te le donner à **toi**.

Ne t'en veux jamais,
De pas avoir réussi à sauver quelqu'un qui ne voulait pas être sauvé.
Félicite-toi d'avoir un si bon cœur,
Que tu fasses ça, sans rien attendre en retour.
Que même cette personne partie,
Tu ne lui en veux pas, tu t'en veux à toi.

Maintenant fais la même chose pour toi, sauve-toi **toi**.

Le temps apaise les âmes et adoucit les maux,
Mais il faut vraiment lui laisser du temps à ce temps.
C’est dur de se laisser du temps, rien ne change du jour au lendemain.
Mais la terre, aussi lente qu’elle soi, finit toujours par tourner entièrement.
Le temps paraît long parfois, mais il tient toujours parole.

La joie se trouve partout quand on veut la voir.
Même dans un rayon de soleil qui se couche après une longue journée.
Parfois, c'est dur d'accepter qu'on puisse changer son monde.
Parce qu'on ne nous apprend jamais à être vraiment heureux.
Mais n'aie jamais peur, tu as le droit d'être heureux, même pour de toutes petites choses,
C'est comme ça qu'on change une vie.

Le problème c'est qu'on nous pousse toujours à trop en faire. Et on suit ça sans se poser de question.
On se dit qu'on s'aimera mieux quand on sera meilleur, qu'il faut qu'on s'améliore qu'il faut qu'on aille toujours plus loin et qu'enfin on aimera qui on est.
Je m'en suis persuadée longtemps, je me suis comparée beaucoup, j'ai pleuré souvent, et je me suis fait croire qu'il fallait que j'aille toujours plus loin et que je fasse toujours plus de choses pour m'accepter beaucoup trop de fois.
Ce soir j'ai vu les choses différemment. Je me suis regardée dans le miroir en sortant de la douche et je n'ai pas eu la force d'être autre chose que ce que je suis.
Parce que je me suis dit, au lieu de vouloir toujours mieux et penser que tu aimeras ça, pourquoi tu n'aimes pas ce que tu as en face c'est déjà parfait, parce que c'est toi.
C'est facile à dire comme ça, ça paraît simple, logique. Mais j'ai réfléchi à ça.
À trop vouloir se dépasser, à trop vouloir chercher toujours au-delà, on passe à côté de soi-même. On

dépasse qui on est, on se perd, en voulant se dépasser on se place naturellement en bas de quelque chose.
C'est là l'erreur, pourquoi se dépasser, pourquoi aller plus loin que ce qu'on est déjà, pourquoi se prendre le risque de se perdre en passant après ce que l'on est.
Je ne veux pas passer à côté de moi. Je veux être moi.
Ce n'est pas en me disant de me dépasser pour atteindre les corps que je vois sur internet que j'irai mieux. Ce n'est pas en cherchant à me forcer à faire des choses que je n'apprécie pas, mais que tout le monde a l'air d'aimer, que je serai fière de moi et que j'irai plus loin dans la vie.
Je ne veux pas aller plus loin que moi, je ne veux pas dépasser ce que je suis. Je veux aimer ce qu'à présent je suis, aimer ce que j'ai déjà construit, à quoi bon toujours chercher mieux, plus loin, toujours attendre le meilleur d'après. Si on ne s'arrête jamais au présent un jour on ne peut jamais voir le futur qu'on attendait tant. Parce qu'on ne s'arrête jamais, on attend trop du futur, mais on ne profite jamais du présent, sans se rappeler qu'un « après » finit toujours pas être un « présent ».
Je ne veux pas me dépasser, je veux passer du temps avec moi de maintenant, aimer ce que je fais, aimer ce corps que j'ai déjà tellement forgé, aimer ce mental que je construis et que je remplis chaque jour.
Je ne veux pas me dépasser et perdre ce que je suis, je veux rester moi et dans le présent.

Mon moi de tout de suite me satisfait déjà tellement quand je prends le temps de l'écouter, quand je prends le temps de lui parler et de l'aimer à sa juste valeur.

Je m'aime enfin depuis que je ne veux plus toujours chercher à me surpasser, parce que je me satisfais de ce que j'ai et je ne peux que m'aimer. Je suis mon présent, le fruit d'un passé où je me suis déjà assez surpassé, il est temps maintenant d'en profiter et d'arrêter de courir après une satisfaction que j'ai déjà. Il faut arrêter de courir après ce qu'on « pourrait aimer » il faut juste se remplir de ce que l'on a et ce que l'on **aime**.

Le cœur lourd

Des aurevoirs

Et si un jour tu me vois partir, sache que j'aurais réfléchi à ça des nuits entières d'insomnies, ce ne sera pas une décision sur le coup, non ça sera le fruit de ma réflexion, le fruit de mes déceptions.
Et si un jour je pars, n'oublie pas que je t'ai aimé, que je t'aimerai très longtemps après sûrement
Et si demain je pars, sache que c'est toi que j'ai dans la peau mais que je dois me retrouver
Et si un jour je dois partir, sache que ça sera à contrecœur, je t'aimerais sans doute encore, mais la vie m'a appris à m'aimer **moi** avant tout.

Parfois je ne trouve même pas les mots,
Peut-être parce qu'ils me font peur, parce que les voir ancrés me rappellerait comme la douleur que j'ai enfouie est en train de me détruire de l'intérieur.
Il n'y a que les mots qui savent vraiment me faire du mal.
Je n'ai jamais autant pleuré pour des coups, la douleur montre que je vis encore.
Les mots, eux, peuvent achever, ils me font douter de ce qui vit ou non en moi. Je ne me rappelle pas les coups que j'ai pris, mais tes mots lâchés dans la nuit, il me semble que jamais je n'arrêterai de les entendre. Ils vivent en moi et tes derniers mots font écho aux anciens, et c'est interminable et je me noie dans nos mots.
Nos mots n'étaient pas beaux, ils n'avaient rien d'original, ils étaient simples, normaux. Nos mots étés maladroits, on s'en servait mal et peut-être qu'on les sous-estimait même parfois. On les traitait mal, on se traitait mal.
Nos mots ils étaient moches mais nous qu'est-ce qu'on était beau. C'est ce qui me manque le plus dans mes journées, plus rien ne me semble agréable, je

n'arrive pas à trouver les choses belles sans toi. À quoi bon, trouver les choses belles si tu n'es pas là pour les aimer avec moi. Je ne parlerai pas de ton corps sur moi, c'était beau, c'était le plus beau mais ça ne reste pas. Je le revois quand d'autres me touchent aux mêmes endroits, quand ton parfum se retrouve prisonnier dans mes affaires encore cachées. Ces jours-là je pleure.

Ce que je veux comprendre c'est pourquoi les mots restent autant. J'oublie ton visage il change chaque jour. J'oublie le contact de tes mains, d'autres ont essayé de les remplacer et à force y sont arrivés. J'oublie le son de ta voix. Mais aucun des mots qu'elle a prononcés. Je me souviens de la phrase qui cassera mon cœur à chaque fois qu'il pensera aller mieux.

Tu m'as dit : *« j'espère que tu ne me laisseras jamais tomber parce que je ne suis qu'un con ».*

Et je t'ai juste promis de ne jamais le faire sans même te faire promettre à ton tour de ne jamais m'obliger à le faire.

Alors je me retrouve à essayer chaque jour de tenir une promesse que tu m'as fait faire sans même l'assumer.

Je déteste les promesses depuis que tu t'es enfui. Je déteste la nuit depuis celle où tu es parti. Elle était pleine d'amour, puis de violence. Tu vis sans cesse dans mon corps et mon âme mais en dehors tu ne fais

que de passer. Tu n'es qu'une ombre qui appartient au passé. Parfois j'oublie que tu existes, que tu as été le premier à savoir m'aimer. Si seulement c'était de l'amour. Ce qui me fait souffrir le plus c'est d'apprendre que tu sais encore que j'existe, j'apprends que tu vis tout en sachant que moi aussi et mon cœur se serre de savoir que tu peux encore prononcer mon nom. Tu sais que j'existe mais tu ne reviens pas, tu sais que mon être par ton absence souffre mais tu ne le changes pas.
Alors je t'en veux, c'est humble, c'est trop peu, mais c'est tout ce que je peux.

Les mots, les mots sont mon échappatoire, ils ont su l'être en tout cas.
Mais aujourd'hui ils m'enferment, ou plutôt, je m'enferme en eux.
Je ne parviens plus à parler de ça, je le refuse pour ne pas en pleurer, mais ils sont là et sortent le soir. Je ne dors plus, je pense, sans cesse, chaque nuit, ce sont mes mots, ce sont les tiens, ce sont nos mots qui me hantent et m'empêchent de dormir.
Dis-moi pourquoi je n'arrive pas à en parler, mais je ne peux plus te le demander tu n'es plus là. Alors je me le demande à moi-même. Pourquoi tu n'arrives plus à en parler, pourquoi ses mots se heurtent en toi, t'empêchent de dormir sans jamais sortir.
J'ai refusé d'écrire, je ne savais pas quoi dire.

Je crois surtout que j'ai trop à dire.
Puis j'ai peur de dire mal, j'ai peur de dire faux. Puisque chaque jour qui passe ce que je pense change.
J'avais décidé de ne pas te détester, puisque tu avais si bien su m'aimer. Puis j'ai eu envie parce que c'était le plus facile. Mais ça sonnait si faux, j'ai essayé de me convaincre que je te haïssais. Mais on ne hait pas quelqu'un qui nous a fait du bien.
Tu m'as fait mal, évidemment, je ne pleure pas que depuis que tu m'as quitté, je pleurais avant de toi. Et moi, combien de fois j'ai fait du mal avant toi et maintenant que tu n'es plus là, je sais que je leur ai fait mal.
Je redoute la nuit, je sais qu'elle va m'attraper mais jamais me laisser me reposer. Elle n'est pas comme ça la nuit, plus maintenant, je ferme les yeux et tu es là. J'aimerais en profiter, mais dès que je les ouvre tu ne l'es plus.
J'aimerais dormir toujours où ne jamais le faire mais pas le reste.
C'est étrange, maintenant que je ne te vois plus, tu es partout, tout le temps, et j'arrive encore parfaitement à voir ton image.
J'en ai une en particulier qui ne cesse de revenir me frapper. La première fois, la toute première fois que tu m'as prise dans tes bras. Je ne te connaissais pas, et c'est sur toi que j'ai posé tout mon poids. Puis il

y'a eu un millier de premières fois. Les souvenirs sont si beaux qu'ils me brûlent les yeux.
Mais on ne sait jamais à l'avance que quelqu'un va partir et c'est mieux ainsi, sinon les souvenirs ne seraient pas les mêmes.

Je me répète en boucle tes derniers mots au téléphone. Souvent ça me fait sourire, mais ce sont des sourires courageux.
« Sois forte comme je te l'ai appris ».
Oui je te le promets, je ferai de mon mieux.
Pour nous, pour tout ce qu'on a été.
Mais je t'en prie, rends-moi mes nuits.
Je dois te dire au revoir, c'est étrange un au revoir. On n'ose pas dire adieu c'est trop solennel, trop sérieux. Mais on sait que ce genre d'au revoir en sont.
Je dois aller de l'avant. J'apprends à parler pour moi.
J'espère que tu seras fière mais moi je suis fière de moi.
Je t'aime, peut être encore pour un moment mais ce n'est pas grave, c'est agréable d'avoir quelqu'un à aimer. Même si ça fait pleurer, pleurer ne me fait pas peur comme à toi.
Sèche tes larmes mais pas trop quand même, laisse-les vivre elles sont magnifiques.
J'espère que je t'ai apporté des choses aussi, soit fière de toi, soit forte, et n'abandonne jamais.

Et parfois on se dit au revoir sans même avoir commencé.
Je n'ai jamais su si c'était du courage ou de la lâcheté.

Et des sentiments en pagaille

Je n’ai jamais aimé, et tenu à quelqu’un comme à toi. C’est particulier, c’est puissant, c’est torturé, mais c’est si beau.

Évidemment qu'on s'est détesté.
Imagine ce que ça aurait fait de s'aimer.

De ces lettres d'amour que je t'ai écrites par milliers,
il ne reste que des mots noyés par des larmes
séchées.
Les sentiments restent comme figés par le passé.

Je garderai la tête haute,
Convaincue que c'était notre faute.
Qu'il t'arrive peut-être aussi de pleurer,
À l'idée de comment on aurait pu s'aimer.

Tout est éphémère dans la beauté.
Le monde qui s'écroule ne le fait pas vraiment,
Mais il laisse sa marque au fond de mon cœur.
Peu importe lesquelles, chaque belle chose me fait
pleurer quand je vois ton ombre y passer.

Écris-moi s'il te plaît.
Écris-moi deux pages comme je t'en écris trente,
Aligne les mots comme tu vois les miens,
Montre-moi ce que ça fait d'être aimé par écrit,
D'être aimé comme je t'aime.
Écris-moi ce soir comme je t'écris chaque heure.
Écris-moi tes pensées comme je t'écris les miennes.
Écris-moi longuement, que je me perde dans tes mots.
Écris-moi que je me noie dans des mots qui ne sont plus miens.

Rappelle-toi cet été, nous deux sous le feu d'artifice.
Ton souffle contre ma peau n'était pas encore un souvenir.
Maintenant mon corps est rempli de cicatrice.
Et je t'ai perdu un soir de janvier sans pouvoir en guérir.

Mes larmes sont amères, et tes yeux assombris.
J'aurais aimé t'embrasser une dernière fois,
Mais je t'écris des mots cassés au lieu de ça.
Le temps efface ton visage et la nuit étouffe mes cris.

Et peut-être que je l'aimerai toujours, mais ça ne sera jamais une bonne idée.

Je parle fort, je ne veux pas entendre la voix au fond de moi.
Je ne veux pas me confronter à l'idée que je t'aime encore.
Je n'entends pas mon cœur battre pour toi.
Je préfère oublier vingt fois, qu'admettre que j'ai tort.

Je ne te demanderai pas de m'embrasser une dernière fois,
Ça ne ferait que gâcher toutes celles qui n'avaient pas de fin.
Je ne te demanderai pas de dernier au revoir,
Je me souviendrai de ceux qui avaient un lendemain.

Pars, fuis, envole-toi ou écrase-toi,
Brise-toi ou aime-toi, mais loin de moi.
Laisse-moi seule avec mes souvenirs.
Laisse-moi essayer d'aimer sans blesser.

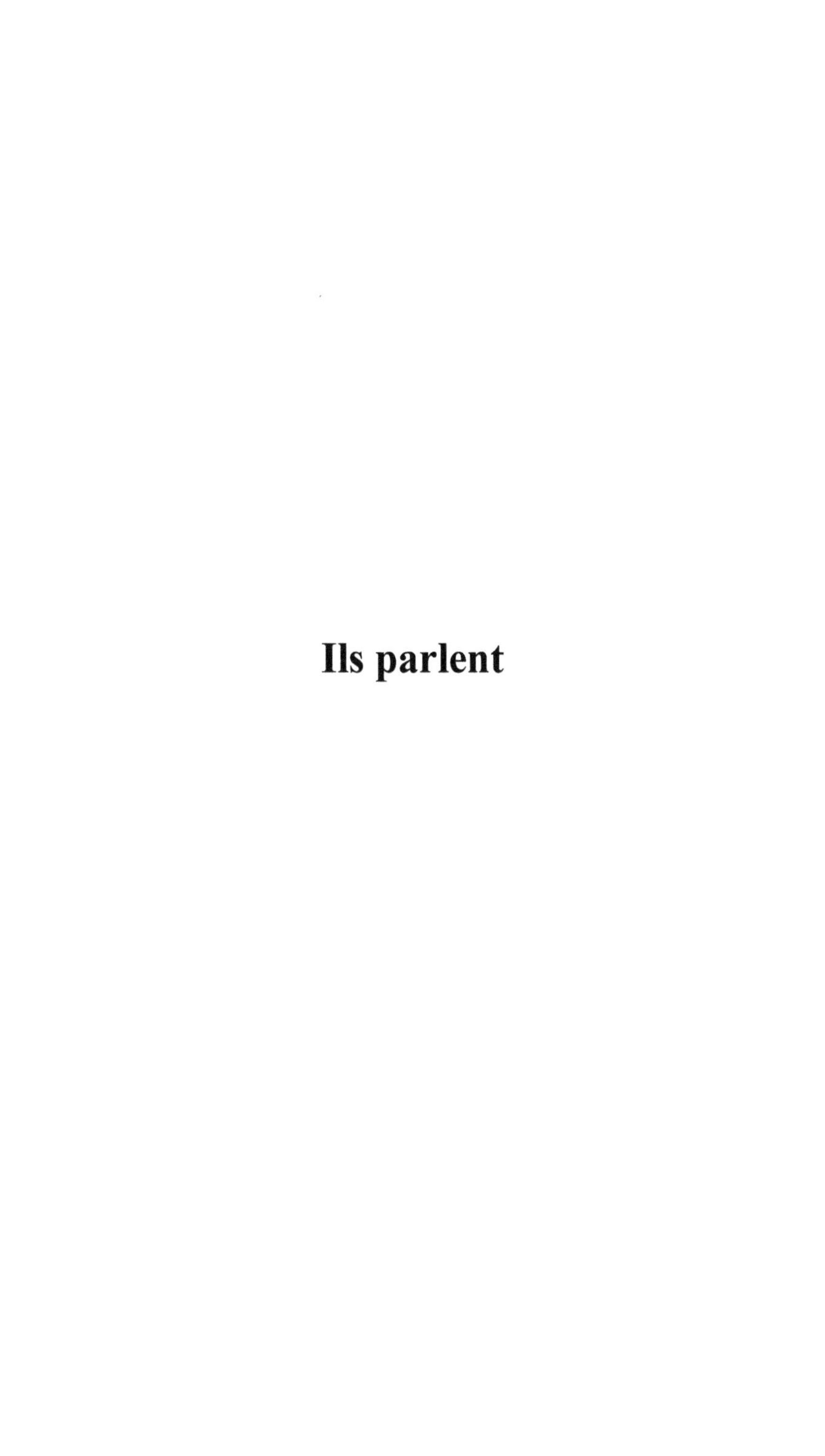

Ils parlent

— Tu n'es pas comme les autres, tout me ramène à toi. Je ne t'oublie pas. Je crois que je suis amoureux.
— Je ressens ça aussi, mais plus jamais je ne veux aimer. Ça m'a déchiré la première fois, et toutes celles d'après.
— Mais je t'aime moi !
— Il faudra faire avec, mais sans moi. Plus jamais, je l'ai promis. Laisse-moi tenir cette promesse-là. Puis tu en aimeras d'autres.
— Non, non et non. Ne me dis pas ça, c'est faux, ça pue la défaite. Ce n'est pas toi ça. Ça sent l'abandon, la lâcheté. T'es pas comme ça.
— La vie m'a rattrapée, maintenant c'est moi. Enfin non ça ne l'est pas, il n'y a plus de moi. Alors je suis tout et rien. Dans ce cas je ne suis rien.

En fait, je m'en fous, j'ai tellement de mal à t'écouter si tu savais. J'ai qu'une envie, t'embrasser. Alors si tu ne veux pas on n'appellera pas ça de l'amour. Appelle-le comme tu veux, ou l'appelle pas. Mais viens, et serre-moi. Je te promets de ne plus rien promettre jusqu'à ma mort.

— …

— ?
— Tu m’énerves.
— Je ne comprends pas
— Tu m’énerves parce que t’es toi.
— Quoi ? Comment ça je suis moi ?
— Tu m’énerves pare que t’es trop dans ma tête.
— Mais comment peux-tu encore penser à moi ? Tu es parti je te rappelle ce n’est pas moi.
— Oui mais tu es la seule personne qui n’est jamais revenue en me suppliant à chaque fois que je partais. Tu te réveillais un matin après avoir passé une nuit à me parler de tout, tu te réveillais et tu avais un simple message te disant que je devais arrêter de te parler. Certains matins tu te réveillais même sans message juste en voyant que je t’avais bloqué. Et tu comprenais et tu ne m’en voulais pas, tu ne posais même pas de question.
— Je ne voyais pas l’utilité, j’ai couru après une personne dans ma vie et moi vivante ça n’arrivera plus jamais.
— C’est pour ça que tu ne quittes pas ma tête, je reviens toujours à toi comme un besoin vital, j’ai besoin de ma dose de toi.
— C’est bien beau de me dire tout ça mais il fallait réfléchir avant, quand nous le pouvions, je suis libre et heureuse, je veux en faire une belle histoire, me laisser cette chance-là

— Mais rappelle-toi comment c'était nous deux, ose me dire que tu n'en veux plus.
— Oui je t'ai apprécié, beaucoup même, mais les gens qui fuient ne sont pas des gens faits pour moi, j'ai besoin de quelqu'un qui accepte qu'il puisse aimer, quelqu'un de sensible, je ne veux pas d'un lâche qui fuie les choses sérieuses. Besoin d'une personne qui accepte chacune de mes larmes, non pas qu'elle les comprenne toutes, juste qu'elle les accepte. Quelqu'un qui n'a pas peur d'aimer et d'être aimé, quelqu'un qui ne soit pas comme toi

— Tu voulais me parler alors dis-moi. Je n'ai pas tout le temps.
— J'irai vite. Je te hais, j'ai envie de te frapper au visage. Envie de te voir saigner, même si je sais que jamais ça n'égalera la putain de douleur qui ne fait que de grandir en moi. J'ai voulu des milliers de fois t'écrire des pavés, te faire comprendre ma souffrance, te jeter toute ma haine.
— Pourquoi tu ne l'as pas fait ? Tu aurais dû, ça t'aurait fait du bien !
— Mais parce que j'avais peur de te blesser, peur de te faire du mal. J'étais terrifié à l'idée que tu sois mal, que tu t'en veuilles. Tu te rends compte de ça, tu m'as détruite, m'a brisée le cœur. Et j'avais peur de te faire du mal.

— Mais c'est complètement idiot. Tu sais tu ne m'aurais pas fait de mal. J'aurai compris.
— Bien sûr, mais c'était plus fort que moi. J'étais là à t'imaginer t'en vouloir. J'étais terrifié, à l'idée que tu sois mal, à l'idée de gâcher une de tes journées. Je suis désolé, tu sais vraiment je ne voulais pas te faire du mal.
— Je suis désolé, tu sais.
— Mais je sais, mais c'est fait. Je t'en veux pour ça, je t'en veux. Mais je m'en veux, je m'inquiétais pour toi chaque jour, tétanisée par l'idée qu'il t'arrive quelque chose. Avec la boule au ventre qu'on m'appelle pour me dire je ne sais quoi. Avec toi je pouvais m'attendre à tout et ça me terrifiait.
— Il ne faut pas. Regarde le mal que je t'ai fait, comment tu peux encore autant penser à moi après ça. Je ne comprends pas.
— Tu ne comprends vraiment pas ? Ou tu n'as juste pas envie.
— Tu ne m'aimes pas vrai ?
— …
— Mais pourquoi, sérieux pourquoi moi ? Je suis là, incapable de rester sérieux. Je t'ai fait du mal, trop de mal. Je t'ai dit que je t'aimais et je t'ai fait des promesses en l'air. Pourquoi moi ?
— Pour toutes les raisons que t'as citées, et pour toutes les autres que tu as oubliées. Pour le fait que tu

sois complètement détraqué, et que je me retrouvais dans les morceaux que tu brisais.

— Et si je reviens demain ? Comment réagirais-tu ? Si demain je viens et que je me plante devant toi ? Si demain je brise ce flou que j'ai désormais, quand je tente de me rappeler ton visage. Ce visage que je n'ai jamais osé aimer, ce visage que j'ai tant abîmé. Et si je reviens demain, briser le temps qui nous sépare, briser ces années entières d'absence totale. Je t'avoue que tu as commencé à me manquer quand tu as arrêté de me chercher. Je t'ai vu te battre pour moi, malgré tout, puisque s'il y'a bien quelqu'un qui peut voir la vérité dans mes yeux c'est toi et tu l'as vu que je ne voulais pas te perdre. Je t'ai vue rester forte face à mes mots, face à des menaces que je n'aurai jamais pu imaginer te dire et face à tout le reste que je t'ai vue endurer. Je t'ai vu continuer à prendre des nouvelles, puis m'écrire que quand tu étais perdue, puis tu m'as écrit pour mon anniversaire. Un texte qui a fendu mon cœur mais qui ne t'a apporté que des douleurs. Puis je t'ai revu une fois, un beau jour de mai, à la terrasse d'un café, j'ai revu celle que j'avais si mal traitée, et qui m'avait autant aimé. Puis il n'y a plus rien eu, et j'ai commencé à avoir mal. De te savoir quelque part mais jamais où, de savoir que tu vivais mais sans doute plus avec une seule trace de moi. Et j'ai pleuré, j'ai pleuré et elle n'a pas compris pourquoi, c'est la première fois qu'elle me voyait pleurer et elle s'est braquée. Mais c'était toi que je voulais pour sécher mes larmes.

— Si tu reviens demain, je pense que je pleurerai. Je pleurerai parce que chaque part de ton visage me rappellera la souffrance que j'ai étouffée. Je pleurerai parce que je ne sais toujours pas pourquoi je t'ai autant aimé. Et je pleurerai aussi sans doute parce que je n'accepterai pas de pleurer pour toi. Peut-être que j'essuierai la première larme du revers de ma manche, je serrerais les dents et je ne laisserai rien paraître. Tout en moi s'effondrerait, mais uniquement parce que je me rappellerai que je t'ai laissé un pouvoir sur moi bien trop fort.

— Je comprends, il n'y a pas plus dur que de voir la personne qu'on aime s'enfoncer devant nous.

— Et j'ai cette impression de servir à rien, d'être impuissante pour cette personne.

— Alors que non, être là, c'est aussi lui laisser te montrer ses faiblesses même sans en parler. Qu'elle puisse être elle-même à côté de toi sans avoir à se justifier.

Juste être elle, dans un moment dur, avec toi à côté qui ne part pas pour autant ; ça, ça la sauve chaque jour, juste on ne s'en rend pas compte sur le moment.

Amour beau, amour nouveau

L'amour

L'amour arrive de la manière la plus brutale qui soit, il arrive et vous choque, il s'abat sur vous, il vous étouffe d'un coup, il vous foudroie, il s'écrase contre vous.
L'amour ne vous laisse aucun choix, aucune place pour y réfléchir. Quand l'amour est là, vous le savez et c'est tout.
L'amour fait mal, il vous fera pleurer, de grosses larmes chaudes même les plus beaux soirs d'été. Il vous fera écraser des larmes de toutes sortes, rage, angoisse, dégoût, déprime, mal être, haine. Des larmes que vous pensiez impossibles par votre fierté. Quand l'amour s'abat sur vous, oubliez votre fierté. Tout ce que vous vous étiez juré de ne jamais faire pour quelqu'un, préparez-vous à le faire. L'amour écrase tout, donc il écrase également la fierté.
L'amour vous donne des ailes, d'immenses ailes, qui vous poussent à ne jamais cesser d'avancer, l'amour

vient et vous hurle de le suivre au bout du monde. Maintenant avec vos ailes vous pouvez tout faire, alors suivez-le.
L'amour vous fera tout ressentir plus fort, la haine sera décuplée. À la hauteur de l'amour, vous comprendrez donc bien que la haine sera disproportionnée. Après avoir était le pire monstre vous vous demanderez comment autant de haine si vous l'aimez aussi fort ? La réponse est autant de haine *parce que* vous l'aimez aussi fort. Même si ça fait peur d'accepter qu'on puisse autant se déchirer.

L'amour vous fera aussi ressentir de la peur, des doutes. Comment se trouver à la hauteur de quelqu'un qui semble l'être le plus parfait que cette terre puisse porter. Vous lui reprochez un tas de choses mais ça n'empêche qu'il a des défauts qu'on aime, faisant passer cette personne de parfaite à inhumaine tant elle frôle les dieux.
Alors comment gérer le fait de ne jamais se sentir légitime. Je pense qu'il faut accepter que c'est l'amour et que sans ça, il ne le serait pas.
L'amour vous fera hurler, par toutes ses facettes, vous hurlerez les reproches que vous servez à votre nouvel être parfait qui semble toujours pouvoir se perfectionner à vos yeux. Vous hurlerez la joie que vous avez de courir à côté de lui après un bus que vous vous apprêtez à louper **ensemble**, et quand on est

ensemble on peut même louper le train de la vie on s'en remettra. Puis vous hurlerez du plaisir, le plaisir que vos deux corps se donnent chaque fois que l'occasion est assez bonne, chaque fois que vos deux corps cèdent.
L'amour ne cessera jamais de vous surprendre, jamais de la même manière mais toujours il frappera et vous étonnera. L'amour je rêve qu'il n'y en ait qu'un. L'amour à sa propre définition mais pour moi l'amour porte un seul et unique prénom.

On ne m'a jamais voulu que du bien, mais tes mains semblent éternelles, quand tu les poses sur moi.
Alors je ne souffre qu'à moitié parce que si tu es l'autre partie de moi on se retrouvera.

Et la courbe de mon corps se confond
Avec l’emprise de tes bras
Et la pureté de ton âme se noie dans la pâleur de mes larmes

Et s'il existe un monde où nos deux âmes ne sont pas réunies
Laisse-moi leur apprendre à s'aimer avant qu'elles se trompent de vie.

Il arrive quelquefois que, lors de moments très courts, tels qu'une journée, deux personnes qui s'aiment ne soient plus sur le même chemin. Le vent les a déplacés dans la nuit. Les gens normalement faits ne le remarquent pas, ce ne sont que des détails et deux personnes qui s'aiment reprennent forcément très vite la même route sans même s'en rendre compte.

Mais si la vie, je savais la prendre comme les autres beaucoup de choses seraient bien plus faciles.

Lorsque je sens qu'une journée nous ne sommes plus sur la même ligne, mon monde se chamboule.

Je ne te sens plus derrière moi, je ne te vois plus m'ouvrir le chemin, je me rappelle que tu as une vie sans moi bien plus grande qu'une vie avec moi.

Alors comme une minuscule chose je me recroqueville sur moi-même, et je laisse mon esprit se perdre dans l'immensité du monde autour de ce que je suis.

Autour du rien que je suis face à ce monde.

J'aimerais être comme les autres, j'aimerais si fort être forte.

Au lieu de quoi je ne peux supporter l'idée de ne rien être dans un monde qui est tout.

Et je ferme les yeux et je vois ton regard dont je ne peux plus me passer, et ça m'effraie.
Parce qu'un tel amour je ne veux en connaître qu'un et que ce soit dans cette vie ou dans les autres, je ne veux que de tes bras.
J'aimerais brûler les autres qui m'ont touchée, effacer chaque mot échangé avec et oublier les visages de ceux qui ne sont pas toi et qui n'ont jamais su m'aimer.
Mais le monde est fait pour que je vive avant toi, que je souffre et que j'aime avant toi, puisque sans ça je n'aurai pas pu avoir la certitude que c'était toi.
Après eux j'ai su ce que je voulais, d'ailleurs je ne voulais plus rien.
Et quand je ne voulais plus rien j'ai eu toi, et quand je voulais tout arrêter j'ai voulu recommencer avec toi.
Alors quand on ne veut plus rien et qu'une personne nous pousse à tout vouloir rien que pour elle, même si je ne connais pas beaucoup de choses à l'amour je pense pouvoir être sûr que c'est la bonne et unique personne.
Je veux que ça soit toi, je ne veux plus rien imaginer d'autre que ta main dans la mienne au bout du monde ou même à deux pas.
Peu m'importe où, comment, tant que tu es là, puisque mon monde à moi se fait avec toi.

Des flots de mots essayent de me noyer,
Mais tes bras semblent faire barrage.

Parce qu'à l'heure actuelle je n'ai jamais trouvé plus beau que t'embrasser à toute heure de la journée.
Je te remercie d'être dans ma vie, je te remercie de m'aimer, et je te remercie simplement d'exister dans cette vie-là.
Je veux t'aimer jusqu'à ce que toutes les étoiles s'éteignent dans le ciel.
Je t'aime.

Chaque moment j'aimerais le vivre avec toi,
La vie est plus belle entre tes bras.
Je ne me pose pas mille questions
Tu es là réponses à toutes mes contradictions.

La vie n'est pas plus facile avec toi,
Elle est tout aussi compliquée quand elle le doit
Tu ne peux pas changer le cours de la vie
Mais tu as changé celui de mes nuits.

Mes nuits rythmées d'angoisses,
Par tes mots, ne sont même plus une menace
Alors oui, avec toi la vie est plus douce,
On ressentira toujours aussi fort les secousses.

Mais ensemble tout sera toujours moins écrasant
Face à cette vie toujours en mouvement.

Prend ma main, je ne lâcherai jamais la tienne
Mon cœur est à toi et ta vie est aussi la mienne.

Je te trouve dans la lune qui éclaire mes soirs
Je vois dans sa couleur tout notre espoir.

Et toi retrouve-moi partout où ton cœur bat,
Dans ton souffle et dans chacun de tes pas.

Et tu as laissé entrer le soleil sous ce drap qui m'étouffait.
J'ai repris des couleurs,
J'ai repris vie par tes paroles,
Par tes mains posées sur moi, par tes bisous.

De tes bras je ne veux plus me détacher,
Depuis toi je ne veux plus partir.
Par des mots tu as effacé mon passé,
Par des actes tu construis notre avenir.
Je n'aimais pas ce monde, je ne m'aimais pas
Puis il y'a eu toi, et je me suis aimée.
Ce monde je ne l'imagine qu'avec toi
Marchant main dans la main à mes côtés.
Dans l'ombre et dans le froid,
Tu ne m'as encore jamais lâchée,
Dans le beau et dans la joie,
Tu fais vibrer mon cœur pour l'éternité.
Et je t'écrirais des mots, jusqu'à la fin,
Pour que soit gravé l'amour,
Que je te porte, à toi qui ne me disais rien
Et qui est devenu mon monde en un jour.

Dis-moi pourquoi je doute
Maintenant que tout est beau,
Comme un coucher de soleil en août,
Comme ta peau contre ma peau.

Avant de rencontrer une personne qui change votre vie à jamais, on ne croit plus en rien, et encore moins à ça.
On croit juste au fait qu'on vit et qu'on meurt, et qu'au milieu on se débrouille comme on peut.
Et un jour, même si vous ne le voulez pas, même si votre esprit est partout éparpillé dans un monde que vous n'arrivez pas à suivre, un jour une seule et unique personne. Une seule personne, un seul être se met face à vous, vous regarde dans les yeux, hésitant un peu, tremblant, et là vous changez.
Vous changez pour toujours, parce que par sa seule présence encore inconnue, cette personne a changé le cours de votre vie.
La vie n'est plus une longue ligne avec la mort au bout. La vie c'est s'arrêter chaque fois qu'on peut, main dans la main, et regarder le paysage.
Ma vie à moi c'est me réveiller en sachant que tu es là, que ce seront tes yeux que je verrais me suivre toute la journée.
Ma vie à moi c'est rire avec toi sur une chaise de jardin en regardant les étoiles.

Ma vie à moi c’est de voir tes yeux m’aimer quand
je m’approche de toi.
Ma vie à moi c’est tout ce qui comporte-toi.
Ma vie j’attendais de la finir, maintenant ma vie
j’attends de la vivre avec toi.
Toi devant moi a changé ma vision des choses pour
toujours.

Hypnotisée par le touché de tes mains,
Allongés dans une herbe qui fait disparaître des bouts de ta peau,
Le vent me partageant ton parfum,
Je ferme les yeux, autour tout est beau.

Et si on est séparés,
Souviens-toi qu'on voit le même ciel
Et si tu veux pleurer
Je transformerai tes larmes en miel.
Mes mains posées sur ton cœur apeuré
Je te montrerai notre beauté mutuelle.
Chaude comme un soleil d'été,
Douce comme un amour éternel.

Il n'y avait plus que nous sur la route.
L'ombre de ton visage parfaitement dessinée,
reflétait sur la porte de la voiture, ma main dans la
tienne, tu t'es tourné vers moi le regard plein
d'étoiles, défilant à toute vitesse.
Elles rivalisaient avec les lumières de chaque ville
que nous traversions

Ma tête posée dans la paume de ta main,
Mes cheveux éparpillés autour de tes poignets
Me rappellent ces nuits aux ciels étoilés,
Blottis l'un contre l'autre ou l'on ne formait qu'un.

Il y a **toi**, tes beaux yeux,
Je ferai tout pour eux, je m'accroche trop à eux.
Je les ai vus briller une nuit,
Et je m'imagine les aimer toute une vie.
Je sais que ça me détruira
Je m'y perdrai, comme je me perds dans tes bras.

Je veux que tu comprennes que, même dans les moments les plus durs,
Les moments où plus rien ne semble beau,
Si tu regardes bien dans tout le noir, il y'a toujours un croissant de lune qui brille.
Ce croissant de lune c'est nous, le cumul de notre amour.

Rien n’est solide entre mes mains.
Je connais toujours la fin.
Mais tu es de ceux qui font oublier.
J’ai perdu la tête quand tu m’as regardée.

J'aimerais passer des heures à écrire sur toi,
Comme je ne doute absolument pas que si j'écris de nouveau c'est grâce à toi.
Tu seras le début d'un livre mais jamais la fin.

J'ai l'impression d'être si naïve parfois, d'avoir les mots d'une enfant.
Mais comment on dit je t'aime quand on le pense vraiment ?

Cesse de te cacher derrière cette armure,
Tu as le droit d'admettre que tu as mal aussi.
On a tous mal, et séparer aussi longtemps
Nos deux corps semble si dur.
Mais ce n'est pas en tapant dans ce
Mur que ça le sera moins
Ce soir, allonge-toi face aux étoiles, regarde-les
bien.
On voit les mêmes, tu sais, on n'est pas si loin.

Je ne me trompe pas souvent sur les gens mais t'as été ma plus belle erreur,
J'ai adoré te détester, mais t'aimer a été la plus belle décision de ma vie.

Imprimé en Allemagne
Achevé d'imprimer en mars 2022
Dépôt légal : mars 2022

Pour

Le Lys Bleu Éditions
40, rue du Louvre
75001 Paris

www.ingramcontent.com/pod-product-compliance
Lightning Source LLC
La Vergne TN
LVHW050327160826
845677LV00014B/3553
9791037757326